KLEINE FRÄNKISCHE BIBLIOTHEK
17

Gerhard C. Krischker

Meine Fränkische Toskana Das Ellertal

Eine Lokaltermin-ologie
in sieben Prospekten

Mit einem Nachwort
von
Michael Krejci
und
Zeichnungen
von
Friedolin Kleuderlein

Kleebaum Verlag

Für Mucki, Winnie und mich

Auflage 60 x 10
2007
Kleebaum Verlag
Bamberg
Gesamtherstellung: Aktiv Druck · Ebelsbach
ISBN 978-3-930498-27-8

Pro-Prospekt

Ankündigung

Einen Prospekt soll ich schreiben ...
Immer wieder die gleiche Frage: Wie fängt man an, wie steigt man ein?

Noch schwieriger, wenn das Thema eine Landschaft ist, wenn der Gegenstand zum Gegenstand wird, wenn man im wahrsten Sinne des Wortes einsteigen muß, wenn die Annäherung eine Tatsächliche ist. Wo beginnt man, wie nähert man sich seinem Gegenstand – per PS oder per pedes – welche Perspektive wählt man, die von oben, die der Hügel und Höhen, oder von unten, die der Niederungen und Täler. Was läßt man weg oder am Weg rechts oder links liegen? Vielleicht hilft der Titel.

Prospekt, das ist doch auch dieses Hochglanzschrifttum, das selbst bei grauester Bewölkung das Blaue an den Himmel lügt, wo das Hotel immer komfortabel, das Zimmer behaglich ist, der Blick ewig unverbaut auf's Meer geht, das Personal stets aufmerksam ist und die Küche nur Köstlichkeiten verspricht. Aber das Wort Prospekt – so finde ich heraus – hat auch andere, nicht nur diese Hochglanzseiten.

Auf sieben Bedeutungen kommt es und komme ich:
- Werbeschrift
- Ansicht, Aussicht, Fernsicht
- Gemalter Hintergrund der Bühne
- Bildliche Darstellung von Straßen, Plätzen, Orten ohne besondere künstlerische Absicht
- Sichtbarer Teil des Orgelgehäuses
- Bekanntmachung über Wertpapiere
- Preisliste

Das ist sie, die »Route« für meinen Weg durch´s Ellertal und die Gliederung für meinen Prospekt.

Prospekt
I

Werbeschrift:
»bis Ihnen das Wasser im Munde
zusammenläuft«

Schon beim Gedanken an die Toskana bekommen die meisten Reisenden glänzende Augen und im Geiste sehen sie gleich eine sanft gewellte Landschaft, Zypressen, die Akzente setzen. Sie denken an den köstlichen Chianti-Wein und an Bisteca fiorentina und an das unentbehrliche, grün schimmernde, kalt gepreßte Olivenöl, bis ihnen das Wasser im Munde zusammenläuft und die nächste Reise in die Toskana nur noch eine Frage des »Wann« ist ...

So der Originalton einer Werbeschrift des Touristeninformationsbüros Florenz.

Schon beim Gedanken an das Ellertal bekomme ich glänzende Augen und im Geiste sehe ich gleich eine sanft gewellte Landschaft, Obstbäume, die Akzente setzen. Ich denke an das köstliche Bier, an Preßsack und Ziebeläskäs, an den unentbehrlichen, glasklaren, hausgebrannten Zwetschgenschnaps, bis mir das Wasser im Munde zusammenläuft und die nächste Fahrt in´s Ellertal nur noch eine Frage des »Wann« ist.

Prospekt
II

Ansicht, Aussicht, Fernsicht:
Landschaften mögen Vergleiche

Städte mögen Vergleiche – eine nur auf den ersten Blick oder Ton lapidare – im wahrsten Sinne des Wortes – Feststellung meines Feuilletonmeisters und -lehrers Wolfgang Buhl.

Städte mögen Vergleiche – Landschaften auch und meine braucht keinen zu scheuen. Mag anderen etwas spanisch vorkommen, mir kommt diese Gegend italienisch vor, mich mutet sie wie eine geographische Übersetzung oder, besser gesagt, Übertragung aus dem Italienischen an und längst habe ich mein Ellertal in valle ellera und seinen Hauptort Tiefenellern rückübersetzt in basso ellero.

Das könnten doch alles Bilder und Szenen aus der Toskana sein: Die Sanftheit der Hügel, das Blau-Weiß des sommerlichen Himmels, die großen Rapsfelder, die wie zum Trocknen hingelegte Tücher auf den Hängen liegen, die vielen Obstbäume, die sich weigern, Spalier zu stehen, die allumfassende Frömmigkeit dieser alles andere als gottverlassenen Gegend, die sich in Gott weiß wie vielen Heiligenfiguren, Martern, Feldkreuzen und Kapellchen mani- und coelifestiert, die Wallfahrten und Bittgänge, wo der Glaube noch auf die Straße geht, die Mittagsruhe der Dörfer im Sommer, wenn die Tauben im heißen Sand baden, manchmal sogar die Sprache, wenn ich beim Kunnä in Tiefenellern mein Koppala bestell' ...

Prospekt
III

Gemalter Hintergrund der Bühne:
Das Ende der Welt

Waren Sie schon einmal am Ende der Welt? Ich schon. Sogar zwei Mal.

Im Schloßpark von Schwetzingen darf man hinter einem Türchen stehend aus gebührendem Abstand einen Blick darauf werfen. Am Ende einer Allee, die immer enger zu werden scheint, liegt eine lichtüberflutete paradiesische Landschaftsidylle, die man erst dann, wenn man hinter das Ende zu treten wagt, als gemalte und von einem Scheinwerfer im doppelten Sinn angestrahlte Scheinwelt entlarven kann. Den selben Blick, durch kein Tor versperrt, aber genauso unwirklich schön doch »in natura«, hat man, wenn man sich meinem Ellertal nähert. Das erste Mal eröffnet er sich gleich hinter der Kunigundenruhkurve, das zweite Mal, wenn man Litzendorf hinter sich läßt.

Ein Maler müßte man sein, denn diese Landschaft ist ein Bild von einer Landschaft. Hier stelle ich sie hin meine imaginäre Staffelei, gleich hinter dem Ortsschild und will zu malen beginnen. Aber sofort spüre ich, daß es ungemalt bleiben wird mein Ellertalbild, denn die Leinwand ist viel zu klein, als daß sie diese Ansicht »panorahmen« und fassen könnte. Und auch die Farben. Obwohl ich mische und mische, das Grün der leicht gelb durchwirkten Rapsfelder will mir nicht glücken. Auch nicht das zartrosa Weiß der Kirschbaumwattebüschel, das Schlohweiß der Schlehen und schon gar nicht das Rötlich-Grünbraun der haarsträubenden Weidenköpfe. Wie bringe ich nur den gelbfeinen Unterschied zwischen Löwenzahn, Troll- und Sumpfdotterblume hin? Wie bläue ich diesen Himmel? Wie wollen die Wolken geweißelt sein? Schon zu viel Deckweiß hab´ ich verdrückt, viel zu viel rum- und zugespachtelt, als könnte mein Bild noch die heitere Luftig- und Leichtigkeit dieser Landschaft widerspiegeln. Ich packe sie zusammen und ein meine Staffelei und male das Bild weiter in meinem Kopf.

Ein Musiker müßte man sein, denn voller Musik ist diese Landschaft, in die ein gottbegnadeter Komponist so viele Kreuze eingezeichnet hat, in der es so viele Kapellen gibt – nein, nicht die Lohndorfer Blasmusik und auch nicht die Ellertaler Musikanten. Wie Notenzeichen sehen sie aus die schwarzen Drähte der Stromleitung, wie weiße Notenköpfe die Schöpfe der blühenden Obstbäume zwischen und auf der dünnen Lineatur und darüber die sanft gewölbten Ligaturen der Berge und Hügel.

Wie in einem Kanon fällt ein Bergbogen in den anderen, hält jeder seine Stimme, ist jeder immer zu sehen und zu hören, auch wenn er von einem anderen über- oder verdeckt zu werden droht. Nichts Lautes, nichts Schräges, kein Mißton schleicht sich ein, höchstens die von Menschenhand falsch gesetzte viereckige Note eines Wasserbehälters. Dazwischen und darüber erhebt sich, sich korkenziehend in die Lüfte schraubend, der Gesang einer Lerche. Viel helles, luftiges, duftiges Laubwald-Dur klingt durch, dann und wann unterbrochen, um eine andere Klangfarbe in's Spiel zu bringen, von ein paar Tupfern dunklen Tannen-Molls. Gegen Ende zu wächst, schwillt alles noch einmal, ohne zu kräftig zu wirken, an, um am Schluß sanft auszuklingen in einer Harmonie, deren nie enden wollendes -nie, -nie, -nie wie ein ewiges Echo nachtönt.

Ein Dichter müßte man sein, denn diese Landschaft ist ein Gedicht. Viele haben es versucht, diese Landschaft zu verdichten, sie in Worte zu kleiden – Dichtung kam selten dabei heraus, ziemlich kläglich fielen sie aus die Versuche, statt Strophen nur Katastrophen:

Im Tal, wo die Eller fließt
Da muß es herrlich sein.
Der Eulenstein grüßt weit in´s Tal
Und lädt die Wanderer ein.
Greif frohgemut zum Wanderstab
Umringt von grünen Höh´n
Die Jungfernhöhl´ mit ihrem Charme
Die muß man einfach seh´n:
Heidi, heidi, heido, heida

Und nicht vergessen auszuruh´n
Am hohen Eulenstein.
Dies Kleinod und die Ruhe hier
Gemütlich muß es sein.
Drum kehren wir in Ellern ein
Beim Stammtisch soll es sein.
Die »guten Freunde« und das Bier
Beim Abend-Sonnenschein:
Heidi, heido, heidi, heida

Nur einem ist es gelungen, in einem bloßen Schwarz-Weiß-Bild, sie einzuzäunen, diese Landschaft, sie mit winzigen Spuren von Tinte und Tusche zu zeichnen.

Hier im kleinen Ellertal muß Hans Magnus Enzensberger – so will ich es – seinen fränkischen Kirschgarten und den richtigen Ton dafür gefunden haben:

fränkischer kirschgarten im januar

1 was einst baum war, stock, hecke, zaun:
unter geh´n in der leeren schneeluft
diese winzigen spuren von tusche
wie ein wort auf der seite riesigem weiß:
weiß zeichnet dies geringfügig schöne geäst
in den weißen himmel sich, zartfingrig,
fast ohne andenken, fast nur noch frost,
kaum mehr zeitheimisch, kaum noch
oben und unten, unsichtig
die linie zwischen himmel und hügel,
sehr wenig weiß im weißen:
fast nichts –

2   *und doch ist da,*
    eh die seite, der ort, die minute
    ganz weiß wird,
    noch dies getümmel geringer farben
    im kaum mehr deutlichen deutlich:
    eine streitschar erbitterter tüpfel:
    zink-, blei-, kreideweiß, gips, milch,
    schlohweiß und schimmel:
    jedes von jedem distinkt:
    so vielstimmig, so genau,
    in hellen gesprenkelten haufen,
    der todesjubel der spuren:
    wie viel büschel von winzigen weißen schreien
    von der gähnenden siegerin ewigkeit!

3   *zwischen fast nichts und nichts*
    wehrt sich und blüht weiß die kirsche.

Prospekt IV

Bildliche Darstellung
von Straßen, Plätzen, Orten
ohne besondere künstlerische Absicht:
Pödeldorf, Naisa, Litzendorf

Schön sind sie nicht mehr, die Ortschaften des Ellertals. Zu viele Wunden hat man geschlagen und der graue Verband des Asphalts deckt mehr auf als zu. Das Rauschen der Autos übertönt das der Eller, die man, wie sie sich auch dreht und windet, immer wieder in ein Betonkorsett zwängt. Grauer Beton gibt den Ton an, weißer Putz ist alles andere als putzig. So paradox es klingt: Schöner werden die Dörfer immer dann, wenn sie ihr Hinterteil zeigen und besonders am Morgen, wie jetzt, wo ich mit den beiden Söhnen der Brauerei Post aus Tiefenellern Bier ausfahre. Jetzt gewähren sie einen Einblick in ihre Morgentoilette, jetzt zeigen sie sich im Morgenmantel, ungeschminkt und noch ein bißchen verschlafen, und wirken auf einmal viel, viel schöner.

Nur Pödeldorf, unser erster »Anfahrtsort«, wird auch im verklärenden Dunstlicht der Frühe nicht hübscher. Ich weiß nicht, ob es den Witz schon gibt – ein »lee(h)rer« Ort im doppelten Sinn, denn hier haben sich viele Bamberger Lehrer ihr Häuschen, aus dem sie nur am Wochenende und in den

Ferien geraten, hingestellt. »Hypothekenhügel« witzelt der Kunnä, als wir mit dem alten, blauen Lieferwagen den Berg mit den Neubauten hochzockeln. Mein alter Griechisch- und Lateinlehrer wohnt auch hier, fällt mir bei »Hypothek« ein, und seine lateinische Lieblingssentenz »nomen est omen«, die ich bis heute nicht mit drei Worten übersetzen kann. Bei ihm müssen wir nicht halten, er trinkt bestimmt gar nicht oder – nomen est omen – nur aus der Römerquelle. Das Haus mit der lateinischen »Cave canem«-Kachel gehört sicher ihm, denn das Schild »Warnung vor dem bißla Hund«, vor dem wir gerade stehen, hätte er sich sicher verkniffen.

Der Kunnä und der Fonsä teilen sich ihre »Kundschaft«: Die linke Straßenseite bedient, weil er am Steuer sitzt, der Kunnä, die rechte der Fonsä. »Eine tolle Truppe«, lobt eine Hörerin gerade das Team von Bayern 3, das der Kunnä viel zu laut laufen läßt; das denke ich auch von den beiden Hönigsöhnen: Gekonnt und fast elegant wuchten sie die blauen Kästen auf und in den Laster, tragen sie der Kundschaft oft bis in den Keller oder in die Küche, geben, wenn jemand, was gar nicht so häufig vorkommt, zuhause ist und bar bezahlt, nicht nur das Wechselgeld heraus sondern noch ein Lächeln und ein paar freundliche Worte dazu. Die sich das Bier in Tiefenellern selbst abholen, bekommen stattdessen ein Fläschla extra draufgelegt. 15 DM kostet der Kasten und das Geld liegt bei denen, die nicht zuhause sind, an den wunderlichsten Stellen: In und unter Blumentöpfen, in Plastikbeuteln und -tüten, auf Autoreifen, unter Steinchen, Treppen und Fußabstreifern. Fast lässig schiebt der Fonsä den immer dicker werdenden Geldbeutel in die enge Gesäßtasche seiner Jeans. Als wir zum Haus meiner Namensvetterin kommen, muß auch ich raus, bestimmen sie, der Krischker bringt der Krischkera an Kast´n, naa, zwaa – Preuß´n trinken mehr. Sie wissen viele Geschichtchen, auch »Bettgeschichten«, und als ich, weil ich gerade den Playboy-Häschen-Aufkleber an unserer Windschutzscheibe entdecke, frage, ob ihnen von den vielen alleinstehenden und häufig nur im Morgenmantel vor die Tür kommenden Damen schon einladende Angebote gemacht worden sind, lachen beide nur eindeutig zweideutig.

Alles ist neu in Pödeldorf, die Häuser, die Kirche, die Wirtschaft, die Reichen. Selbst der gute alte Ortskern läßt sich nur noch schwer finden. In der »Schulthesgasse« – nomen est omen – vielleicht, wo wie in einem alten Dorf Betten- und Bratengerüche aus den Fenstern hängen. Auch wir bekommen Hunger und ich werde vom Fonsä zum Brotzeitholen geschickt, in die Metzgerei Schäfer. Vier Brötla mit Bierschinken – nomen est omen – verdrückt er im Auto. Weil der Schlotfeger gerade vorbeikommt und durstig ist, wird ein Kasten »angerissen« und auch ich bekomme mein Fläschla.

Wir sind jetzt in Naisa, aber Naisa ist alles andere als »nice«. Nicht nur die kurvige Hauptstraße verjüngt sich in der Ortsmitte, der ganze Ort hat sich bis zur Unkenntlichkeit verjüngt. Den Holzwegen, die man begangen hat bei der Modernisierung des Dorfes, hat man hier in Form von Straßennamen »Denkmäler« gesetzt: Erlenweg, Birkenweg, Wiesenweg, Mühlwiesen, Weingarten. Die Straßennamen erinnern an das, was und wie es einmal war, wie die Bemalungen an den modernen Häuserfronten verraten, welch schönes altes Haus hier früher gestanden hat. Nur oben auf dem Berg hat man einen wunderschönen Blick – very nice – hinüber auf Melken- und Schammelsdorf und unten im Tal darf die Eller noch einmal ganz kurz das lustige Bauernmädchen von einst sein und in der Wiese herumtanzen.

Bestimmt hat der »Tanzwiesenweg« in Litzendorf, wo wir jetzt sind, seinen poesievollen Namen nicht daher – einen Kirchweihtanz hab´ ich vor Augen, Ohren und Mund wie auf Breughelschen Bildern. Jetzt läßt sich´s auch der Kunnä munden: mit Leberwurst und Schinkenbrötla vom Lunz. Seltsam, denke ich für mich, da haben sie daheim in Tiefenellern die beste Wurst und das beste Brot und dann kaufen sie sich in fremden Metzgereien die Brotzeit. Auswärts schmeckt halt doch alles besser, merke auch ich und mache mit dem Kunnä mein zweites Frühstück und einen Streifzug durch´s Dorf. Zwei Gebäude stechen ab und in´s Auge: Die schöne Kirche mit den eigentümlich goldgelb leuchtenden Sandsteinquadern und das schmucke, barockisierende Pfarrhaus. Ein selbstgetippter kleiner Kirchenführer, der, wie eine Kugelschreiberschrift mit ihrem hilfesuchenden »Wo bitte« verrät, öfters vergriffen zu sein scheint, gibt kurz und goldig Auskunft:

»Die Pfarrkirche St. Wenzeslaus wurde in den Jahren 1715-18 nach einem Plan des Barockarchitekten Johann Dientzenhofer (gest. 1726 in Bamberg) erbaut.
Es ist die einzige Kirche, die J. Dientzenhofer als einfache Pfarrkirche gebaut hat. Die Hilfsdienste beim Bau der Kirche leisteten die Litzendorfer Bürger »unentgeltlich«. Die Steine für die Kirche wurden im Wald nordöstlich der Kirche gebrochen. Der Turm stammt von der Vorgängerin der Kirche, die im Jahre 1467 errichtet wurde. Über dem Haupteingang ist das Wappen des Bamberger Fürstbischofs Franz von Schönborn angebracht, in dessen Auftrag die Kirche errichtet wurde.

Die Innenausstattung der Kirche fertigte der Bildhauer Gollwitzer mit dem Schreiner Franz Jörg an. Das Malen und Vergolden besorgte der Bamberger Maler Müller.
Bitte wenden!
Der Kirchenpatron St. Wenzeslaus ist Nationalheiliger der Tschechen. Er wurde im Jahre 907 in der Nähe von Prag geboren, regierte seit 921 das Herzogtum Böhmen und wurde 929 von seinem Bruder Boleslav ermordet. Sein Gedenktag, zugleich Patrozinium der Kirche und der Pfarrei, ist der 28. September. Der Heilige steht als barocke Figur über dem Haupteingang der Kirche. Die gemalten Bilder am Hauptaltar stellen Szenen aus seinem Leben dar. Beachten Sie auch das spätgotische Relief mit der Darstellung des Pfarrpatrons am Rathaus!«

Während ich lese, kommen Mütter und Großmütter mit ihren Kindern und Enkeln herein, tupfen artig in´s Weihwasser und deuten dann mit feuchten Fingern auf Fotos, die sie als Bräutla und – wie heißt eigentlich das bübische Gegenstück dazu? – bei der Erstkommunion zeigen. Auch an ihren Namen kann man den Bruch zwischen Alt und Neu ablesen: Tamara, Carolin, Doreen, Carina, Nadine heißen die einen, Georg, Sebastian, Josef, Lorenz, Leonhard, Alfons und Konrad die anderen. Mein Gott, beinahe hätte ich sie vergessen, meinen Fonsä und Kunnä. Aber da steht sie schon vor dem Kirchenportal unsere alte blaue Bierkutsche, die auf den Namen Iveco hört und mit der wir – ich beachte noch schnell den Wenzeslaus am Rathaus – heimwärts rattern, schön vorsichtig, daß es uns, jetzt, wo wir alles ausgefahren haben, nicht so geht wie dem Nitroglycerinfahrer Mario aus dem Leinwandklassiker »Lohn und Angst« und wir – ein allerletztes »nomen est omen« – kurz vor Lohndorf aus der Kurve oder in die gute Ellertaler Luft fliegen...

Prospekt
V

Sichtbarer Teil des Orgelgehäuses:
Kleines Lohndorfer Zwischenspiel

Ein Wunder: Er ist aufgeschlagen, der Orgelprospekt der Lohndorfer Kirche. Ich sehe nicht nur die sichtbaren Teile des Orgelgehäuses sondern auch die an sich unsichtbaren. Die Orgel wird generalüberholt. Die Orgelpfeifen liegen wie Orgelpfeifen auf den Kirchenbänken. Kalt ist´s und die großen Pfeifen kommen mir vor wie silberne Ofenrohre. Überhaupt mutet mich das Kirchlein an wie ein göttliches Wohnzimmer aus deutscher Eiche. Im »Flurumgang« liegt wie im elterlichen Korridor ein roter Kokosläufer. Nur der Altar bleibt auf dem Perserteppich. Wie unsere beste Festtagstischdecke liegt ein weißes Tuch darüber mit der inbrünstigen und ein wenig infantilen Stickerei: »Du meine Mutter, ich dein Kind.« In einer Woche ist Muttertag. Ansonsten ist trotz des matten Goldes vieles goldig. Die Heiligenfiguren sehen aus wie Schnitzer eines Oberammergauer Schnitzers. Kein Wunder, daß einer der letzten Pfarrherrn unter Berufung auf das Zweite Vatikanische Konzil wenig konziliant sie allesamt in´s Diözesanmuseum deportierte. Aber das soll ich auf keinen Fall schreiben, bittet mich der Kirchenvorsteher, der mit seinem Schlüsselbund aussieht wie Petrus und auch nicht, daß der geistliche (Un)Rat Pflaum hieß und auch nichts von Lohndorfs größter Sensationsgeschichte, dem grausamen Mord aus dem Jahre 1897, von dem die »Bamberger Neuesten Nachrichten« bildzeitungsartig berichteten – eine 28 cm lange, handbreit klaffende Wunde hatte das Opfer dieser Familientragödie, weswegen die Lohndorfer in den umliegenden Dörfern immer noch die »Halsabschneider« heißen.

Mittlerweile stehe ich auf dem Empörlein, lausche dem fränkischen Orgelbauerlatein: Des ef stimmt net, die Quint is zä schnell, des e a bißla langsomä, die Terz aa. Manchmal klingt es wie ein himmlisches SOS, ihr Orgelprobespiel, manchmal könnte man auf ihren Tonleitern in den Himmel klettern. »Wos kostn so a Orgel hoidzädooch?« fragt ein bißchen pharisäerisch – als berechne er den Preis der ausgewechselten Pfeifen – mein Lohndorfer Petrus. 150.000 DM schätzt der Stimmer und anstatt mit dem Hammer zuzuschlagen läutet er eine Glocke, die früher dem Mesner signalisierte, den Blasbalg schneller und stärker zu treten, wenn für das Brausen des klerikalen Rausschmeißers »Großer Gott wir loben dich« mehr Wind gemacht werden mußte.

Der Kirchenvorstand hat mich offentsichtlich in sein Herz geschlossen. Er schließt mir die Andreaskapelle auf, die jetzt als Leichenhalle genutzt wird – eine überdimensionale Gefriertruhe. Er geht mit mir in´s ehemalige Schulhaus, blättert in der wie ein großes Schulbuch an der Wand hängenden Chronik, zeigt mir auf vergilbten Klassenfotos den jungen Leonhard Reh und den alten Lehrer Vogel mit Hund, erzählt, daß früher den Kindern aus Tiefenellern für den winterlichen Schulweg heiße Kartoffeln in den Mantelsack gesteckt wurden, um sich bei eisiger Kälte daran zu wärmen, führt mich mit dem Finger durch´s alte Dorf, deutet hinüber in´s Lohntal auf eine unsichtbare rote Tür, dem ehemaligen Eingang zu einer unterirdischen Wasserleitung, die zu fürstbischöflichen Zeiten Teich, Brunnen, Fontänen und Kaskaden von

Schloß Seehof speiste und heute die Memmelsdorfer Bürger mit köstlichem Bergquellwasser versorgt. Er führt mich in seine Namensvetternwirtschaft und Brauerei, schenkt mir ein frisches Rehbier ein und klaren Wein über sein Lohndorf. Als Vorsitzender des Vereins für Gartenbau und Landschaftspflege sieht er mehr die Splitter im Dorfauge als die sich biegenden Balken: Der Wohnwagen eines Bamberger Lehrers, der den Blick auf die träumerische Bucheneinsamkeit des Stammbergs verstellt, stört ihn mehr als die unvollendete Tatsache, daß die schönsten Fachwerkhäuser Lohndorfs mittlerweile wie Fremdkörper wirken. Nullachtfünfzehn bzw. 60/61er Einfamilienhäuser hat man ihnen vor den bröckelnden Putz geknallt.

Wie alte, zahnlose, ausgediente Köter liegen sie hinter den modernen Wohnhütten ihrer Besitzer und warten weniger ungeduldig als ihre Herren und Frauen auf ihren Gnadentod.

Den Wettbewerb »Unser Dorf soll schöner werden« haben die wenig schmucken, dafür aber blumengeschmückten neuen

Häuser schon öfters gewonnen, den Wettlauf mit der Zeit haben die alten längst verloren.

In der Festschrift zum 70. Jubiläum des Gartenbauvereins im Jahre 1980 schrieb der damalige Chronist: »Die schöne Umgebung und die interessante, ehemalige Kirchenburganlage, um die sich die Wohnhäuser scharen, lassen am Ende den Schluß zu: Ein Besuch in Lohndorf lohnt sich.«

Zum 80jährigen Jubiläum hat sich der damalige Chronist nicht mehr geäußert. Aus guten (Wiesen)Gründen, nehme ich an. Vielleicht wollte er auch seinen Bericht nicht fortschreiben. Er hätte nur drei Wörter hinzufügen müssen: bald nicht mehr.

Auf dem spätgotischen Flügelaltar der Pfarrkirche mit dem rührenden Abschied der Apostel wischt sich einer, der aus Lohndorf hinausgesandt werden soll in die weite Welt, ein bißchen ungelenk mit dem Hand- und Gewandrücken eine Träne aus dem Auge. Ob er´s heute noch täte?

Prospekt
VI

Bekanntmachung über Wertpapiere:
Der erste Sommerfrischler
Johann Lukas Schönlein

Der Blick auf die Lohndorfer Mühle – wie gemalt oder, um im Bild zu bleiben, wie gemahlen. Wie eine Katze streiche ich diagonal durch die Wiese hinunter zum schwarz-weißen Fachwerkbau. Es ist Mittag, Siesta im valle ellera. Der Mühlbach murmelt sich in den Mittagsschlaf.

Kein Hund bellt, kein Hahn kräht, nur das Kreischen einer Kreissäge zerschneidet die Stille. Das Mühlrad klappert schon längst nicht mehr sein Romantik-tak. Es und die Zeit stehen still. Der Himmel schüttelt weiße Kopfkissen auf. Die Wiese: eine grüne Matratze mit Löwenzahnmuster. Ich leg´ mich hinein, schau mit leicht geschlossenen Augen in die Sonne und beginne zu träumen:

Ein junger Mann erscheint im feinsten Kostüm, in weißen Strümpfen und schwarzen Schuhen, plissierten Manschetten, ganz beaux frais mit lockigen Haaren, einer feuerroten Nase und geröteten Wangen, überspringt galant den Mühlbach, setzt sich an´s Ufer, zieht sich Schuhe und Strümpfe aus, krempelt die Beinkleider hoch und stellt sich spreizbeinig in´s kalte Bächlein. Immer wieder fahren seine feinen Hände in´s Wasser. Leise Fluche fallen, manchmal schüttelt ihn ein Hustenanfall. Hin und wieder redet er mit sich selbst, eher leise als laut, als könne er jemanden wecken oder vertreiben. Manchmal klingt es wie Latein, manchmal wie eine italienische Liebesbezeugung, wie zum Beispiel jetzt, als er sich über eine Dotterblume beugt und ihr fast zärtlich den Blütenkopf streichelt. Dann und wann legt er vorsichtig und beinahe liebevoll etwas in ein mitgebrachtes Glas oder in seine Botanisiertrommel. Einmal hält er eine Pflanze theatralisch vor sich hin, träufelt Wasser über sie und ruft pathetisch: »Ich taufe dich auf den Namen Equisetes Schoenleinii palustre ...«.

Nein, nicht seine Stimme, die Kirchenglocken der Pfarrkirche Mariä Geburt zerreißen die Stille und meinen Traum. Fort ist auch der junge, schöne Mann, der als der weltbekannte Arzt, Professor und Begründer der modernen naturwissenschaftlichen Medizin, Johann Lukas Schönlein zurückkehren sollte.

Wie aber kommt Johann Lukas Schönlein in meinen Traum und an den Lohndorfer Mühlbach?

Am 4. Februar 1793 heiratet die zweitälteste Tochter des Lohndorfer Müllermeisters Jakob Hümmer, Margarethe, in der St. Martinskirche zu Bamberg den wohlhabenden Hofseilermeister Thomas Schönlein. Am 30. November bringt sie als erstes und einziges Kind den Knaben Johann zur Welt. Mutter Schönlein, die als schöne, schlichte Bürgersfrau voll Lebendigkeit und Verstand geschildert wird, liebte ihren Sohn, der körperlich und seelisch große Ähnlichkeit mit ihr gehabt haben soll, über alles und nahm großen Einfluß auf seine Erziehung. Sie war es auch, die gegen den Willen ihres Mannes, der Johann gerne als Nachfolger seines alteingesessenen Seilergeschäfts gesehen hätte, durchsetzte, daß Hans das »Alte Gymnasium« besuchen durfte. In den Ferien schickte die besorgte Mutter aus Angst, der Junge könnte wie ihr Vater und später auch ihr Mann am sogenannten Seilerhusten, einer durch Seilstaub hervorgerufenen Lungenkrankheit, enden, ihren

Sohn hinaus zu den Eltern nach Lohndorf, damit er dort die gesunde Ellertaler Landluft genießen könne.

Doch Johann genoß nicht nur das Landleben. Angeleitet von seinem alten Volksschullehrer entdeckte der Seilersohn seine Liebe zur Natur und zu deren Wissenschaft. Auf Streifzügen durch das Ellertal und den Jura sammelte man seltene Pflanzen, Versteinerungen, Tiere und Insekten. Auch später noch, als Johann Schönlein schon in Landshut und Würzburg studierte, kehrte er in den Semesterferien immer wieder nach Lohndorf zurück. Professor Rudolf Virchow berichtet, von seinem Lehrer Schönlein »erfahren zu haben, daß der Pfarrer von Lohndorf dem jungen Schönlein ein kleines Zimmer in seinem Pfarrhaus eingeräumt hatte, in dem der wißbegierige Medizinstudent Frösche und Eidechsen sezierte. Es gab natürlich eine Szene und die Besuche des Studenten wurden von da ab selten.«

Seltener wurden Schönleins Besuche in Lohndorf auch deshalb, weil der junge Mediziner, der 1816 in Würzburg promovierte und ein Jahr später sich habilitiert hatte, bald als hochbegabter Arzt und Wissenschaftler an deutschen Universitäten und sogar am Königlichen Hofe – Friedrich Wilhelm IV. von Preußen ernannte ihn zu seinem Leibarzt – ein gefragter Gast war.

Schönlein war der erste deutsche Mediziner, der neben der pathologischen Anatomie Mikroskop, Hörrohr und Reagenzglas zur Diagnose von Krankheiten einsetzte und so völlig neue Wege in der Medizin beschritt. Entschieden rückte er »von dem Nebel der bis dahin geltenden mystischen Naturphilosophie in der Medizin« ab und wandte sich der naturwissenschaftlichen und naturhistorischen Forschung im medizinischen Bereich zu.

Einen Namen als Mediziner und Naturwissenschaftler machte er sich vor allem auch durch die Entdeckung zahlreicher bis dahin uner- und unbekannter Krankheiten und unbestimmter Pflanzen, die heute noch seinen Namen tragen wie unter anderem der nach ihm benannte Schachtelhalm »Equisetes Schoenleinii Sternberg«.

Doch nicht nur Schönleins wissenschaftliche An- und Einsichten waren progressiv, auch seine politischen. Als liberal gesinnter Republikaner machte er sich bald verdächtig und schließlich entzog ihm König Ludwig seine Würzburger Professur. Um der drohenden Verhaftung zu entgehen flüchtete Schönlein nach Frankfurt und eröffnete dort eine Praxis. Als 1833 ein Ruf als Professor für Medizin von der neu gegründeten Universität Zürich an ihn erging, nahm er diesen ohne Zögern an. Die Züricher Universität war zum Zufluchtsort radikaler Demokraten geworden, die Zensur- und Untersuchungskommissionen verdächtigten sie als »Sammelplatz der Anarchisten und Revolutionäre«. Zu den »Säulenheiligen« dieser umstürzlerischen »Alma Mater« zählte außer Schönlein vor allem der Mediziner und Schriftsteller Georg Büchner, der auf seinem Krankenbett, das bald ein Sterbebett werden sollte, Johann Lukas Schönlein um ärztlichen Beistand bat ...

Die Glocken von Mariä Geburt sind verstummt, verschwunden ist auch der schöne Jüngling. An seiner Statt sitzt ein Mann in der Blüte seiner Jahre am Ufer des Mühlbachs, ein schmales Oktavheft in seinen feinen Händen: »Georg Büchner – Leonce und Lena«.

Eher leise als laut und fast andächtig liest er – als läse er jemandem vor:

VALERIO: Nun, so wollen wir von etwas anderm reden. *(Er legt sich in´s Gras.)* Ich werde mich indessen in das Gras legen und meine Nase oben zwischen den Halmen herausblühen lassen und romantische Empfindungen beziehen, wenn die Bienen und Schmetterlinge sich darauf wiegen wie auf einer Rose.

LEONCE: Aber Bester, schnaufen Sie nicht so stark, oder die Bienen und Schmetterlinge müssen verhungern über den ungeheuren Prisen, die Sie aus den Blumen ziehen.

VALERIO: Ach Herr, was ich ein Gefühl für die Natur habe! Das Gras steht so schön, daß man ein Ochs sein möchte, um es fressen zu können, und dann wieder ein Mensch, um den Ochsen zu essen, der solches Gras gefressen ...

Prospekt
VII

Preisliste:
Post-Scriptum beim »Hönig«
in Tiefenellern

Einen Ochsen zu essen in Form eines Rinderbratens, kostete in der Brauereigaststätte »Zur Post« in Tiefenellern zur Kirchweih 1965 3,50 DM – les´ ich auf einer mit »Afri-Cola«-Palmen verzierten Speisekarte, als ich in alten Papieren, Fotos und Dokumenten der Gastwirtschaft Hönig blättere. Viel teurer kann´s 1973, als die erste, nein, nicht urkundliche Erwähnung der Post durch Freunde geschah, auch nicht gewesen sein: Sie hatten hier zwanzig Mann und Frau hoch ihre Verlobung gefeiert und dafür – das wissen sie noch heute – 83 DM bezahlt und großzügig 2 DM Trinkgeld gegeben. Seitdem bin auch ich Stammgast bei der Post-Bräu, seitdem singe auch ich mein Loblied auf diese Wirtschaft, wenn auch nicht unbedingt in den Versmaßen – mit Betonung auf Maßen – der Festtagsstrophen zum 175. Jubiläum:

Von weitem grüßt der Eulenstein
Hinein in´s tiefe Tal
Und lädt zufried´ne Gäste ein
Vom Land und aus der Stadt.

Die Hönigs helfen alle zusamm´
Das sind halt tücht´ge Leut.
Wenn´s hoch hergeht und wenn´s pressiert,
Sind alle dann vereint.

Alles, was es gibt bei Hönig
Ist solider Eigenbau.
Da kann man essen wie ein König,
Ob Kind, ob Mann, ob Frau.

Es gibt ein selbst gebrautes Bier
Gar würzig, frisch und fein.
Das trinkt man, wenn die Sonne lacht
Unter´m schattigen Lindenbaum.

Die Brotzeit, die hat Tradition
Mit selbst gemachtem Schinken.
Das Bauernbrot ist ein Genuß,
Das wird man selten finden.

Aber vielleicht ist das Motto »Reim dich oder ich freß dich« für eine Brotzeitwirtschaft gerade das Richtige.

Manches hat sich geändert seit meinem ersten Besuch beim Hönig, manches ist noch so, wie es war. Verändert, oder um es härter zu sagen, nicht mehr wieder zu erkennen, ist auch im nüchternen Zustand die Gaststube, die damals tatsächlich noch eine Stube war. Viel zu klein, viel zu eng, viel zu niedrig, viel zu gemütlich. Und immer voll und trotzdem bekam man immer einen Platz. Mann und Frau rückte dann eben zusammen, noch mehr wurden auf die unbequemen, weil viel zu hohen Bänke geschoben, manchmal mußten sich zwei Hintern einen unbequemen, weil viel zu niedrigen Stuhl teilen. Und der viel zu hoch und schräg hängende Spiegel machte jedes Mal ein Familienfoto. Die Luft war zum Schneiden, was mit den Hönig´schen Messern ein Kunststück war, die Entlüftungsanlage machte ihrem Namen nur wenig Ehre und genauso wenig Wind. Laut war es, aber trotzdem konnte man noch das Knarren der Dielenbretter hören.

Am schönsten war´s im Winter, dann wurde aus der Hönig´schen Wirtsstube eine Eller´sche Rockenstube, wie sie Georg Schick in seinem Salbuch aus dem Jahre 1795 beschreibt: »Für den Winter kamen dann die langen Nächte der Unterhaltung der Jugend, die Rockenstuben. In drei bis vier Bauernhäusern kamen die jungen Leute zusammen, die Mädchen teils mit dem Spinnrad, teils mit dem Strickstrumpf. Während die Mädchen spannen und strickten, unterhielten sich die Burschen mit allerlei Spielen: Strangziehen am Genick, Fingerhakeln, Faustschieben. Alte Lieder wurden gesungen, Hexen- und Schauergeschichten erzählt. Zum Schluß wurde zu den Klängen einer Mundharmonika getanzt: Walzer, Schleifer, Dreher, Betlmarla, Küßwalzer ...«.

Ein wenig ungemütlich wurde es nur, wenn man in´s Nebenzimmer mußte. Was half´s, daß der Kunnä Briketts und Buchenscheite in den bullernden Ofen warf. Kalt blieb´s trotzdem und man fühlte sich immer – auch wegen des gerollten Musters an den krummen Wänden an den elterlichen Korridor erinnert – und wer sitzt schon gern im Ern. Und zum Schluß, bevor man ging, bereute man am Jacken- und Mantelberg der einzigen Garderobe so ziemlich als Erster gekommen zu sein.

Dagegen ist die jetzige neue Gaststube seit dem Umbau von 1988 eine räumliche und akustische Halle im lautesten Sinne des Wortes. Die alte Stube hat man ein bißchen deplatziert und museumsunreif an den Nagel und die Wand gehängt. Die alte Uhr hat Recht und sich gerächt: Sie ist einfach stehen geblieben – zehn nach vier. Fünf vor zwölf ist es sicher nicht für die »Wirtschaft zur Post« und auch ich weiß, daß die Zeit nicht stehen bleibt und man die Uhr nicht zurückdrehen kann. Ich versteh´ auch die Hönigs, vor allem die Jungen – der Peter und Fonsä hängen mit ihrem Vater und ihren Meisterbriefen wie eine Brauerdreifaltigkeit an der noch immer viel zu weißen Wand –, daß sie ihn weiter- und fortführen wollen den elterlichen Betrieb, bloß viel weiter dürfen sie nicht mehr gehen, weiter fort führen dürfen sie ihn nicht, denn sonst erkennt man die »Alte Post«, die früher, bevor der Hönig 1914 Station der Motorpostlinie Tiefenellern-Bamberg wurde und sich deshalb umtaufte, »Zum Stern« hieß, nicht mehr wieder und es wird aus der Wirtschaft wirklich nur noch ein Betrieb.

Aber da ist der Konrad davor, den alle nur »Kunnä« rufen. Er gehört nicht nur »dazu«, er verkörpert im doppelten Sinn den »Hönig«. Wenn ich mich mit Freunden verabrede, dann wollen wir nicht zur »Post« oder zum »Hönig«, wir gehen oder fahren zum »Kunnä«, der alle Sonderwünsche erfüllt, der halbe Rouladen und nach eigener (Damen)Wahl zusammengestellte Hausplatten ermöglicht, der so tut, als hätte ein Brotlaib mindestens vier Köppäla, der den Kindern öfters ein Eis spendiert, den Männern selten einen Schnaps und am Ende im Kopf und Geistesblitzeseile alles zusammenrechnet und viel mehr als dreißig Mark kommt niemals heraus, egal, wie viel man ißt und trinkt.

Leid tut er mir immer ein bißchen – von wegen Bißchen – wenn er im Garten bedienen und die dicken, schweren Teller mit dem verblichenen zartblauen Post-Signet rauf- und runtertragen muß. Dann bestelle ich, damit er sich nicht so schwer tut, meistens etwas Leichtes: einen Ziebeläskäs, der hier noch von der Milch aus dem eigenen Stall gemacht wird, und kein Köppäla, sondern nur eine Scheibe Brot, das hier noch aus dem eigenen Backofen kommt. Das Bier – zweimal wöchentlich selbst gebräut vom Peter und Fonsä – hol´ ich mir selbst am Clematis-umrankten Ausschankhäuschen.

Hier im Garten – was heißt eigentlich Garten – in der Wiese ist es am Schönsten, auch wenn die – warum auch immer orangefarben gestrichenen – Bänke mehr an Parkbänke im Botanischen Garten erinnern. Hier oben hat man, ob man will oder nicht, immer ein bißchen seine Höh´, hier oben ist man immer ein bißchen erhaben, von hier aus schaut man immer ein bißchen herab auf die, die den Ziebeläskäs so wenig aussprechen wie essen können, und denen der Kunnä mit seinem Ungespundeten ein U für ein Pils vormachen kann.

Ob man will oder nicht, immer wieder geht der Blick hinunter zur Wirtschaft, hinauf auf die moospatinierten Hausdächer ohne Antennen, über die inzwischen verstummte Kegelbahn und den Hänsel- und Gretel-Backofen hinein in den Heuschober. Hin und wieder wirft eine unsichtbare

Riesenhand einen Schwarm Tauben in die Luft, fängt ihn wieder auf, um das Spiel von neuem zu beginnen. Kinder turnen statt auf dem Klettergerüst in den Obstbäumen und auf den Holzstößen oder haben aus den Bierbänken Rutschbahnen gemacht. Heil und unversehrt wie in meiner frühen Kinderzeit fühle ich mich hier. Auch wenn mir ab und zu ein Blatt aus den alten Lindenkronen in den Bierkrug und Rücken fällt – hier bin ich unverwundbar. Himmlisch ist es hier und der bayerische Protectulus auf dem Plakat des Volkstheaters gibt mir Recht und prostet mir mit einem überschäumenden Bierkrug zu.

Es ist Abend geworden. Auf einmal bin ich allein. Irgendwer hat die bunte Girlandenschnur angezündet: italienische Nacht. Eine Katze habe ich bei mir sitzen oder ist es ein Kater? Die Wäsche hängt müde zwischen zwei Stangen wie über einer italienischen Gasse. Die Silhouetten der Holzstöße sehen aus wie die von Geschlechtertürmchen. Aus meinem Bier ist Wein geworden. Aus den offenen Fenstern der Wirtschaft kommen Wortfetzen geflattert. »Solo«

glaub´ ich zu hören. Eine dunkle Gestalt kommt herauf: »Chiuso« sagt einer freundlich, der wie der Kunnä aussieht, und führt mich seinen Arm um mich legend hinunter zu meinem schwarzen Alfa.

Ciao, valle ellera, arrivederci, meine Fränkische Toskana.

Gerhard C. Krischker

diifnellern

füän kunnä

a lindnblodd
is nai main
biägruuch gfalln

edsäd is äs joä
bloos nuch a nachäla

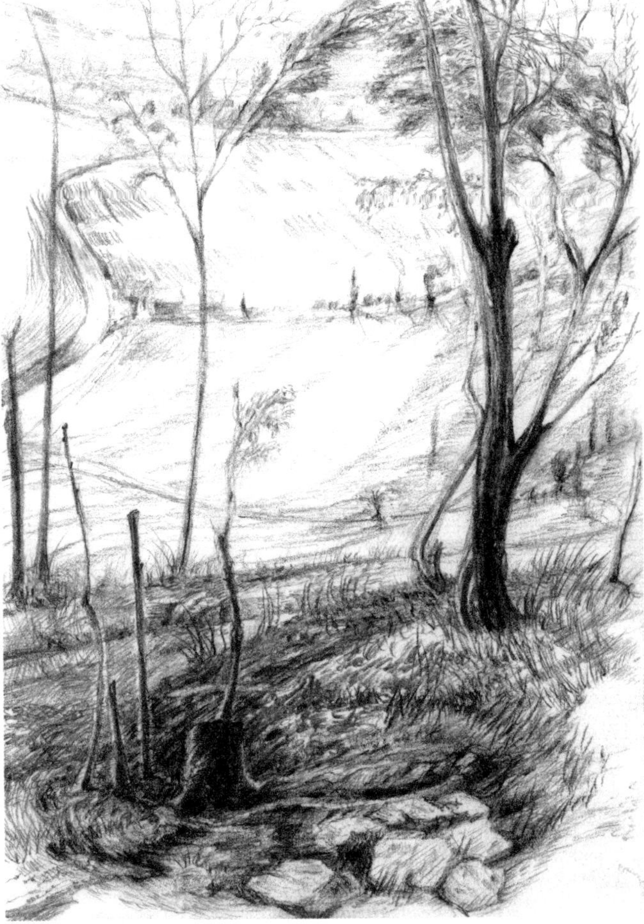

Nachwort

Fränkische Toskana?

Weinbau gibt es schon lange nicht mehr im Ellertal, östlich von Bamberg, neuerdings auch »Fränkische Toskana« genannt. Zypressen wuchsen hier nie, auch Olivenbäumen gediehen niemals. Die Häuser sind relativ klein, spitzgiebelig, Flachdächer sind selten, große Landsitze oder gar Palazzi sucht man ebenso vergebens wie ausladende barocke Kirchenkuppeln, steil aufragende gotische Kirchtürme erfüllen deren Zweck. Die Menschen, die hier leben, geben sich bedächtig, handeln lieber zögerlich als voreilig. Fremden gegenüber sind sie eher zurückhaltend, alles andere als südeuropäisch-temperamentvoll, freundlich, aber nicht übersprudelnd.

Im Herbst feiern sie Kerwa als Hauptfest des Jahres, im Winter gibt es einen beschaulichen Weihnachtsmarkt rund im die Litzendorfer Kirche, dann einen Faschingsball des Sportvereins, im Frühling und Sommer Feuerwehr- und Vereinsfeste mit Bratwürsten und Bier, schon ist wieder Herbst.

Statt Chianti trinkt man gut gehopftes »Lager« oder nach Buchenholzrauch duftendes »Hörnla«, köstlicher Sauerbraten mit Lebkuchensoß steht an Stelle einer Bistecca alla Fioretina auf der Speisenkarte, handfeste Klöß verhindern das Übergreifen zarter Gnocchi.

Die Pizzarestaurants, die in den vergangenen Jahren wie Funghi aus dem Boden schossen, tragen zur kulinarischen Toskanisierung des Tals nur wenig bei. Das eine, stolz »Venezia« genannt, liegt in der Ortsmitte von Pödeldorf an der Canalisatione Grande, das andere, nicht weniger hyperbolisch als »Bella Napoli« besungen, ist in absolut sicherer Entfernung vom Vesuv in einem Sportheim untergebracht. Ein kürzlich ebenfalls in einem Sportheim installierter telefonisch abrufbarer Pizzaservice nennt sich mit nicht zu überbietender Deutlichkeit »Hungerhotline« und verzichtet derart schon vorab auf den Anspruch, besondere südländische Genüsse zu bieten.

Rauschende Festlichkeiten wie die Luminara di San Ranieri zu Pisa, Umzüge in prächtigen historischen Gewändern wie die Giostra del Saraceno von Arezzo, Kampfspiele wie das Armbrustschützenfest von Sansopolcro oder gar ein Palio wie der zu Siena mit wild rasenden Rossen und wagemutigen, allseits umjubelten Reitern, finden im Ellertal nicht statt.

Das Tiefenellerner Bergrennen, eine lärmende Motorsportveranstaltung, gewiss nicht einmal ein technisches Surrogat für einen Palio, gibt es längst nicht mehr. Lediglich alle paar Jahre, wenn Litzendorf wieder ein Landkreisfest ausrichten darf, ziehen behäbige Gäule, von schmetternden Blaskappellen eskortiert, geschmückte Droschken mit Lokalgrößen die Dorfstraße entlang, Möchtegernmedicis, die wahlplakativ um Stimmen lächeln, stumme Zuschauer links, mal sogar klatschende rechts, des fränkisch-toskanischen Volkes Jubel hält sich in Grenzen.

Angesichts all dessen muss man schon fragen: Welcher Teufel, scusi, welcher Diavolo hat Gerhard C. Krischker geritten, als ihm Anfang der 90er-Jahre die Fügung »Fränkische Toskana« einfiel? Hört man ihn selbst, so stammt die Eingebung freilich gar nicht aus der Unterwelt, sondern eher aus entgegengesetzter Richtung:

Das könnten doch alles Bilder, und Szenen aus der Toskana sein: Die Sanftheit der Hügel, das Blau-Weiß des sommerlichen Himmels, die großen Rapsfelder, die wie zum Trocknen hingelegte Tücher auf den Hängen liegen, die vielen Obstbäume, die sich weigern, Spalier zu stehen, die allumfassende Frömmigkeit dieser alles andere als gottverlassenen Gegend.

Die Dörfer, die sich an der das Tal durchziehenden Straße aneinanderreihen, waren es offenbar nicht, die beim Autor die Assoziation »Toskana« aufkommen ließen:

Schön sind sie nicht mehr die Ortschaften des Ellertals. Zu viele Wunden hat man geschlagen und der graue Verband des Asphalts deckt mehr auf als zu. Das Rauschen der Autos übertönt das der Eller, die man, wie sie sich auch dreht und windet, immer wieder in ein Betonkorsett zwängt. Grauer Beton gibt den Ton an, weißer Putz ist alles andere als putzig...

Alles ist neu in Pödeldorf, die Häuser, die Kirche, die Wirtschaft, die Reichen. Selbst der gute alte Ortskern lässt sich nur noch schwer finden.

Naisa ist alles andere als nice. Nicht nur die kurvige Hauptstraße verjüngt sich in der Ortsmitte, der ganze Ort hat sich bis zur Unkenntlichkeit verjüngt.

Ein Besuch in Lohndorf lohnt sich ... bald nicht mehr.

Viel schöner sind die Ortschaften des Ellertals seitdem nicht geworden, die radikalen Verjüngungskuren scheinen zwar überstanden, doch zeigen sich an dem, was 1991 für G. C. K. erschreckend neu war, schon wieder Falten und Risse, sodass baldige Nachkuren zu befürchten sind. Modernistische Schrecklichkeiten werden dann von postmodernistischen Grausamkeiten übertroffen. Der Sparkasse Bamberg gelang bei der Verarchitektierung ihrer Litzendorfer Zweigstelle mittels Marmor, Glas und Blech erst jüngst so ein Superwurf.

Gleich zwei Supermärkte wurden seit Krischkers kritischem Lobpreis in das Ellertal hineingepfercht, jeweils autofreundlich-randständig, zum Nachteil kleinerer Geschäfte in den dörflichen Zentren: Selbstbedienungstempel, von PKW-Prozessionen umkreist, fahnengeschmückt, kartonumstanden, blechumhäuft, Devotionalienstände mit Hähnchen und Haxen davor, Sonderangebotslitaneien allerorten. Schön wirken sie keinesfalls und schon gar nicht toskanisch.

Am Ortsrand von Litzendorf werden immer noch bauerwartungsvolle Wiesen zu Neubaugebieten hochgepreist, während im Dorfinnern Bauplätze in großer Zahl unbeschadet gewinnträchtig dahindämmern. Wer hat, dem wird gegeben, was zudem ja noch seliger denn Nehmen ist. Neue Ortsbildwunden kommen zu alten und verheilen so wenig wie diese, nur Wählerstimmen wachsen zu.

Erst kürzlich wurde im Südosten von Schammelsdorf ein Wäldchen, Buchen, hochgewachsen und landschaftsmarkant wie so oft in der fernen Toskana, komplett gerodet, um neues Bauland auszuweisen. Künftige bauherrliche Nachpflanzungen von prospektbunten Ziersträuchern und regensaueren Koniferen werden den Verlust nie mehr wettmachen können.

Weitere Baumexekutionen führten Gemeindetruppen jüngst zwischen Naisa und Pödeldorf entlang der Eller durch. Viele prächtige Erlen wurden hingerichtet. Seiner Namenszeichen beraubt, eilt das Bächlein nun dahin, über weite Strecken jetzt ebenso in praller Sonne wie der es begleitende Weg, auf dem man bislang an heißen Tagen vom Morgen bis zum Abend schattig spazieren konnte. Angesichts des Klimawandels eine umwelt- oder touristikpolitische Großtat!

Großes entstand auch dort, wo G.C.K. vor Jahren noch süffisant Dorfschönheit entdeckte: *So paradox es klingt, schöner werden die Dörfer immer dann, wenn sie ihr Hinterteil zeigen.*

Mist- und Silageanlagen begrüßen heute den Ankömmling, der sich, von Osten kommend, der Kehrseite von Litzendorf nähert. Man hat sie exakt so platziert, dass sie den Blick von der Anfahrtsstraße auf Johann Dientzenhofers wunderbare Pfarrkirche verstellen: Weithin sicht- und ruchbare Bekräftigungen des unerschütterlichen Vorsatzes »Unser Dorf soll schöner werden!« Wahre Schönheit kommt ja bekanntlich von innen!

All dies übertreffend und überragend darf jetzt auch noch eine Windkraftanlage auf dem Jura bei Tiefenellern errichtet werden. Selbst die Grünen drückten mit und gackerten erfreut als die Gemeinde Litzendorf mit der Flächengenehmigung jüngst noch vor Ostern dieses fränkisch-toskanische Windei legte.

»Da wendet sich der Gast mit Grausen...«, meinte schon Friedrich Schiller, der zwar kein Touristik – wohl aber ein Ästhetikexperte war. Kehren wir also – schockiert von der heutzutage so wenig anmutigen und würdigen Litzendorfer Kehrseite – zurück in die jüngere Vergangenheit.

Wenn es die Dörfer nicht waren, was mutete dann anfangs der 90er Jahre den Autor so an, dass er vom Ellertal als »Fränkischer Toskana« sprechen und schreiben konnte?

Italienisch, toskanisch gestimmt wurde er zum einen durch die hier lebenden Menschen. Ihn beeindruckten deren Einfachheit, Freundlichkeit, Hilfsbereitschaft, ihr Gemeinschaftssinn und Zusammenhalt, ihr Witz, ihre Geschicklichkeit der Lebensbewältigung, ihr, wenn auch oft nur noch fragmentarisches Traditionsbewusstsein. Fasziniert hat ihn auch die Kraft, die ihnen aus der Landschaft zuwächst, die zwar keinen Dante, keinen Leonardo, keinen Michelangelo, mit Johann Lukas Schönlein, dem Begründer der neuzeitlichen Medizin, aber gewiss doch einen Naturwissenschaftler von Weltruhm hervorbrachte.

Zudem beeindruckten ihn, still vergleichend, die vielen Zeugnisse von Frömmigkeit *die sich in Gott weiß wie vielen Heiligenfiguren, Martern, Feldkreuzen und Kapellen mani- und coelifestiert, die Wallfahrten und Bittgänge, wo der Glaube noch auf die Straße geht.*

Toskanisch fand er auch viel Atmosphärisches, *die Mittagsruhe der Dörfer im Sommer, wenn die Tauben im heißen Sand baden*, manchmal sogar die Sprache, wenn er beim *Kunnä* in Tiefenellern sein *Köppäla* bestellte.

Mag solche Sprachverwandtschaftsreflexion ironisch gemeint sein – warum eigentlich nicht? Schließlich galt selbst das Sächsische – horribile dictu – einst als eine dem Französischen nahe Sprache!

In toskanischer Landschaft fühlte sich G.C.K. aber vor allem angesichts der Schönheit des Ellertales. Maler, Musiker, Dichter müsste man sein, äußerte er selbstbescheiden-zurückhaltend und zugleich begeistert-hingerissen:

Ein Maler müsste man sein, denn diese Landschaft ist ein Bild von einer Landschaft. Hier stelle ich sie hin meine imaginäre Staffelei, gleich hinter dem Ortsschild und will zu malen beginnen. Aber sofort spüre ich, dass es ungemalt bleiben wird mein Ellertalbild, denn die Leinwand ist viel zu klein, als dass sie diese Ansicht »panorahmen« und fassen könnte.

Ein Musiker müsste man sein, denn voller Musik ist diese Landschaft, in die ein gottbegnadeter Komponist so viele Kreuze eingezeichnet hat, in der es so viele Kapellen gibt - nein, nicht die Lohndorfer Blasmusik und auch nicht die Ellertaler Musikanten.

Wie Notenzeichen sehen sie aus die schwarzen Drähte der Stromleitung, wie weiße Notenköpfe die Schöpfe der blühenden Obstbäume zwischen und auf der dünnen Lineatur und darüber die sanftgewölbten Ligaturen der Berge und Hügel.

Ein Dichter müsste man sein, denn diese Landschaft ist ein Gedicht. Viele haben es versucht, diese Landschaft zu verdichten, sie in Worte zu kleiden... Nur einem ist es gelungen... Hier im kleinen Ellertal muss Hans Magnus Enzensberger – so will ich es – seinen fränkischen Kirschgarten und den richtigen Ton dafür gefunden haben.

Dass die Bezeichnung »Fränkische Toskana« für das Ellertal trotz mancher Begeisterung hervorrufender Ähnlichkeiten recht kühn ist, dürfte mit Blick auf die erheblichen Unterschiede zwischen dem oberfränkischen Tal und der mittelitalienischen Landschaft außer Zweifel stehen.

Die beiden Bestandteile dieser sprachlichen Fügung entstammen dem kulturwissenschaftlichen

Sprachgebrauch; sie sind einander herkunftsmäßig viel zu nahe, als dass ihre Vereinigung im streng literaturwissenschaftlichen Sinne eine »kühne Metapher« genannt werden könnte.

Kühn ist die Formulierung in anderer Hinsicht aber doch: Sie drückt die zunächst nur schwer zu begreifende gedankliche Verschmelzung zweier weit auseinanderliegender Wirklichkeitsbereiche aus, versucht, auf einen Begriff zu bringen, was eigentlich begrifflich nicht zu vereinbaren ist. Nach Ortega y Gasset ist eine Metapher »ein Verfahren des Geistes, vermittels dessen es uns gelingt, etwas zu erfassen, das unserem begrifflichen Vermögen ferner liegt«. »Fränkische Toskana« also doch eine »kühne Metapher«? Mag sein, eine sehr schöne, reizvolle, spannungsvolle ist sie allemal.

Wie jede gelungen Metapher lebt sie von semantischen Spannungen, deren »Entladungen« vor dem inneren Auge des Lesers oder Hörers ein multipolares, oszillierendes Bild ergeben: Nähe wechselt da blitzschnell mit Ferne, Region mit Welt, Vertrautheit wird ebenso empfunden wie Fremdheit, Geborgenheit wie Unbehaustsein, Beständigkeit und Wandel sind spürbar, Bleibenwollen wechselt mit Drang-in-die-Ferne, Sehnsucht mit Erfüllung, Wirklichkeit mit Traum, Hic-et-nunc mit Utopia …

»Fränkische Toskana« ist, so gesehen, eine sehr persönliche Metapher. Solche Metaphern hängen nach Auffassung der Gestalttherapeutin Miriam Polster eng mit vorausgegangenen Erfahrungen zusammen, sie erwuchsen aus Erfahrungen, sind deren Frucht. Im Falle »Fränkische Toskana« ist diese Frucht dem Autor G.C.K. keinesfalls einfach in den Schoß gefallen. So viele Musenküsse auch im Spiel gewesen sein mögen, er hat sie gesucht und zielstrebig erarbeitet.

Wenn Deutsche etwas zu erreichen suchen, tun sie dies häufig, indem sie schon vorab darauf verzichten, ihre Ratio zu gebrauchen. Auffälligstes Beispiel hierfür ist der immer wieder nationalhymnisch verkündete Entschluss, nach Einigkeit und Recht und Freiheit mit Herz und Hand zu streben. Auf den Einsatz des Kopfes, gewiss doch kein unwichtiges Organ, wird öffentlich hörbar verzichtet, und dies, obwohl sich Hirn herrlich mit Herz und Hand stabreimen ließe. Die Geschichte der Deutschen in den zurückliegenden 150 Jahren entspricht in erschreckender Weise ihrer kopflosen Hymne. Immer wieder warfen sie den Kopf ins Korn anstatt der Flinte.

Deutsche Dichter, nicht selten ebenso kopflos, suchten Länder, in die sie ihre Sehnsucht trieb, manchmal ausschließlich mit ihrer Seele. Nicht so G.C.K. Er hat sich die fränkische Landschaft im Wortsinne erfahren, sogar als Beifahrer eines Bierautos, mit beiden Händen zupackend, mit allen Sinnen wahrnehmend, schauend, fühlend, riechend, schmeckend, offenen, mitfühlenden Herzens und stets mit wachem, kritischem Kopf.

Was er dabei an Erfahrungen machte und in Erfahrung brachte, hat er 1991 in einem vom Bayerischen Rundfunk gesendeten Feature *Das Ellertal - Meine Fränkische Toskana* poetisch gestaltet. Der Untertitel der Sendung *Eine Lokaltermin-ologie in sieben Prospekten* ist, was die »sieben Prospekte« angeht, in Verbindung zu sehen mit dem Gesamttitel »Prospekt« der Sendereihe. Die etwas eigenartige Formulierung »Lokaltermin-ologie« lässt erkennen, dass es sich um mehr als lediglich einen Bericht über die Begegnung mit einer Landschaft oder nur um deren Beschreibung handelt, wie manche bis heute fälschlicherweise annehmen. In diesem Text von G.C.K. ist selbst Erfahrenes und in Erfahrung Gebrachtes verdichtet mit Erinnertem, Erdachtem und Erträumtem, nicht zuletzt auch mit Ergebnissen feinsinnigen Nachdenkens. Zugleich enthält der Text – siehe »Lokaltermin«! – kritisch Ermitteltes, das der manchmal geradezu detektivisch vorgehende Autor den von ihm scharfsinnig entlarvten Tätern schonungslos vorhält. Wer dies übersieht, gelangt nur zu einem sehr eingeschränkten Textverständnis und zieht daraus leicht falsche Folgerungen.

Lokal- und Regionalpolitiker griffen Krischkers Formulierung »Fränkische Toskana« inzwischen begierig auf. Aus der Metapher, die innerhalb seines Denkens und Dichtens – aber eben nur dort – ihren ganz besonderen Stellenwert hat, machten sie, im Etikettenschwindel nicht ganz ungeübt, flugs die Leitidee eines Tourismuskonzeptes, aus der poetischen Formel einen vermeintlich werbewirksamen Produktnamen für das Ellertal.

Lange schon hatten sie sich redlich und vergeblich um eine zündende Idee für die wirtschaftliche Entwicklung des Tales bemüht. Die Schaffung des zigtausendsten Gewerbegebietes der Bundesrepublik Deutschland am Taleingang bei Pödeldorf hatte sich, wie wohl angesichts des landesweiten Überangebotes solcher Flächen zu erwarten, als Flop erwiesen. »Schlemmerwiesen« hatten sie das ihnen vermutlich reiche Pfründe versprechende Gebiet genannt: Ein Discounter, ein Getränkemarkt, eine Bäckereifiliale und ein zuvor bereits ortsansässiger Metzger, der mit seinen köstlichen Leberkäsbrötla als einziger hier zum Schlemmen einlädt, sind die bislang wenigen Ansiedler. Schlemmer konnt´s eigentlich kaum kommen.

Krischkers Einfall kam da zur rechten Zeit. Nun ziert seine Metapher, ihres poetischen Kontextes beraubt, Tourismusprospekte und eine wenigstens mit ihrem Layout recht ansprechend gestaltete Internetpräsentation »Fränkische Toskana«. Bald wird sie wohl auch auf Hinweisschildern an der Autobahn leuchten. Sogar im weltweiten Internetlexikon Wikipedia ist sie inzwischen platziert, verbunden mit einer Kurzbeschreibung des daran festgemachten Tourismuskonzeptes:

Als Fränkische Toskana, heißt es dort etwas holperig, *bezeichnet man eine Tourismusregion in Oberfranken, die in und um die Gemeinden Litzendorf, Memmelsdorf und Strullendorf liegt. Der*

Begriff geht auf den Bamberger Mundartpoet Gerhard C. Krischker zurück, der 1996 in einer Erzählung von seinen Ausflügen in das Ellertal (auch Ellerntal) berichtet. Im Jahr 2005 beschlossen die drei Gemeinden sich zusammen als Fränkische Toskana zu präsentieren. Die sanft gewellte Landschaft an den Ausläufern des Fränkischen Jura vor den Toren der Weltkulturerbestadt Bamberg erinnert nicht selten an die italienische Namensgeberin.

Hier ist, wie auch in anderen kommunalen Veröffentlichungen, das Missverständnis deutlich erkennbar. Krischker *berichtet* nicht, er beabsichtigt nicht, wie das ein gewissenhafter Berichterstatter tut, Sachverhalte und Ereignisse objektiv sprachlich wiederzugeben und sich dabei eigener Wertungen zu enthalten. Sein Text ist gewollt subjektiv, was schon der Titel »*Meine* Fränkische Toskana« ausdrückt, und er ist auch immer wieder persönlich wertend.

So sehr er auf Fakten beruht und diese immer wieder treffend formuliert, ist er doch keine reine Darstellung von Fakten, die, als »mit Händen zu greifende«, also »griffige« Ähnlichkeiten oder gar Übereinstimmungen zwischen dem Ellertal und der Toskana ohnehin kaum zu finden sind.

Gerhard C. Krischkers »*Meine Fränkische Toskana*« ist weit mehr, nämlich ein poetisches Gebilde und als solches ein Spiel: ein Spiel mit Vorgefundenem und Erinnertem, mit Empfundenem und Gefühltem, mit Vorgestelltem, Erdachtem, Erkanntem. Es ist ein Spiel mit Gesagtem und Gemeintem zwischen Ernst und Heiterkeit, es ist ein Spiel mit Lauten und Klängen, mit Phonemen und Graphemen, mit Wörtern und Sätzen, mit Bildern aus Sprache. Beobachtungsgabe, Empfindsamkeit, Gefühl und Mitgefühl, Phantasie und Kreativität sind gleichermaßen mit im Spiel.

Das aber bedeutet: Seine *Fränkische Toskana* lässt sich, so wie er sie schuf, unverkürzt und unbeschadet, niemals in Politik umsetzen. Lediglich auf die wenigen faktisch-griffigen fränkisch-toskanischen Identitäten oder Scheinidentitäten, mit denen Krischker spielt, kann sich Politik berufen und versuchen, sich an seiner Toskana-Idee zu orientieren. Mehr nicht.

Aus touristikpolitischer Sicht mag das schon viel sein. Ob es den erhofften und erwarteten Gästen reicht, muss sich erst noch erweisen. Abhängen wird dies letztlich davon, ob es gelingt, ein Touristikkonzept zu entwickeln und zu verwirklichen, welches Natur und Kultur des Ellertales weitgehend unbeschadet lässt.

Gesagt ist das sehr leicht, getan sehr schwer; denn Dialektik und Tragik aller Tourismus-Krämer bestehen darin, dass sie das, was sie verkaufen wollen, schon durch ihren ersten merkantilen Zugriff zu zerstören beginnen. Von den Küsten der Meere bis hoch hinauf in die Berge hat sich das immer wieder gezeigt. Dass selbst Landschaften, deren Menschen sich traditionell bemühen, Natur und Kultur zu bewahren, vor Zerstörung durch Tourismus nicht gefeit sind, zeigt beispielsweise auf geradezu eklatante Weise das Grödnertal in Südtirol, wo schon in der ersten Hälfte des vergangenen Jahrhunderts, nicht zuletzt auch angelockt durch den Nimbus des Bergsteigers, Filmemachers und Schriftstellers Luis Trenker, Touristenströme einfielen, worauf ein bis zur Jahrhundertwende sich rasant beschleunigender, teils gigantomanischer Ausbau einsetzte, der vielenorts zum Raubbau wurde und dem heutzutage mit mühsamem und kostspieligem Rückbau begegnet werden muss. Exempla docent? Wollen wir´s hoffen.

Vielleicht lag es an verschnittenem Chianti, möglicherweise an verkretztem Lagreiner oder auch an falsch eingeschätzter eigener »Lager«-kapazität – in dunklen Nächten überfiel mich jüngst ein

Franca-Toscana-Horror-Traum

Ellertal:
Asphaltstraßen, Betonwege,
Tankstellen, Tankstellen, Tankstellen,
Cafés, Restaurants,
Freizeit- und Vergnügungsparks,
Erlebnisbäder, Mehrzweckhallen,
Squashcenter, Minigolf,
Motels, Hotels,
Bettentürme zu Babel!

Frankenschnellweg:
»How many miles from
Bambörg/Rome to Nice-Naisa/Tos-China,
from there to Goswinestine/Switzerland?«
«And Tiefenölörn with it´s famos Skywalk?«
Franken, schnell weg!

Eulenstein:
Lichtgestalt,
Nagelschuhe, Knickerbocker,
Karohemd, Seil, Haken, Hut   –
unverkennbar
G.C.K.,
Trenker des Tales!

Sturz und Schrei,
Menschheitsdämmerung.

Kammerflimmern, Schweißausbruch,
Filmstop.
Herzrasendes Vorwärtsspulen,
Wiedereinblendung.

Hönigs Biergarten:
Mausoleum, Bronzetafel.
»Dem Künder
der Schönheit
in Dankbarkeit
die Gemeinden seiner
Fränkischen Toskana«.
Eichenkranz, Lorbeerkranz.
R.I.P.

Möge aus den Frankenalb-Träumen vom toskanischen Ellertal nie ein Franken-Alptraum werden! Dieser Wunsch gilt allen Freunden des Tals, vor allen jedoch Gerhard C. Krischker zu seinem 60. Geburtstag am 24. Juni 2007.

Käme es anders, hieße es bald
　»Addio, Franca Toscana!«
Echt fränkisch-widersprüchlich setzen wir dem entgegen:
　»Geh zu – bleib do!«

Michael Krejci

GERHARD C. KRISCHKER, Lektor und Dichter, kommt zwei Mal in der Woche ins Ellertal zum »Kunnä«.

MICHAEL KREJCI, emeritierter Germanistikprofessor, lehrte in Bamberg und Jena; lebt in Litzendorf.

FRIEDOLIN KLEUDERLEIN, Kunstlehrer, Performance-Künstler und Maler, hat seinen »Zweitwohnsitz« in Tiefenellern.

S. 6/7 Blick vom Jurarand über den »Hemmerhof« ins Ellertal
S. 59 Blick vom »Hirtenanger« übers Ellertal Richtung Lohndorf
S. 78/79 Blick vom »Hirtenanger« in Richtung Herzogenreuth

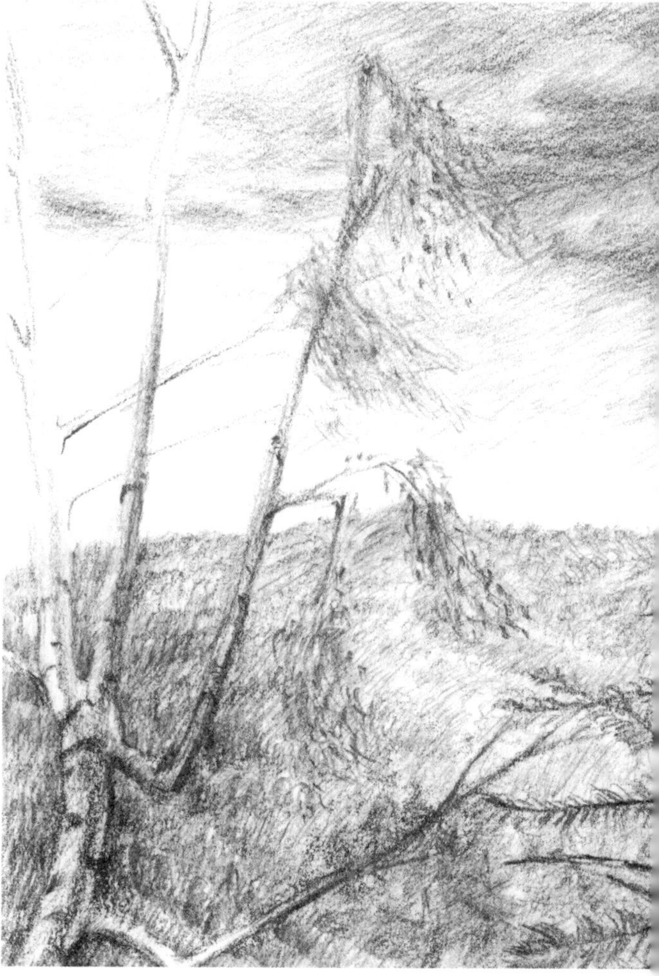

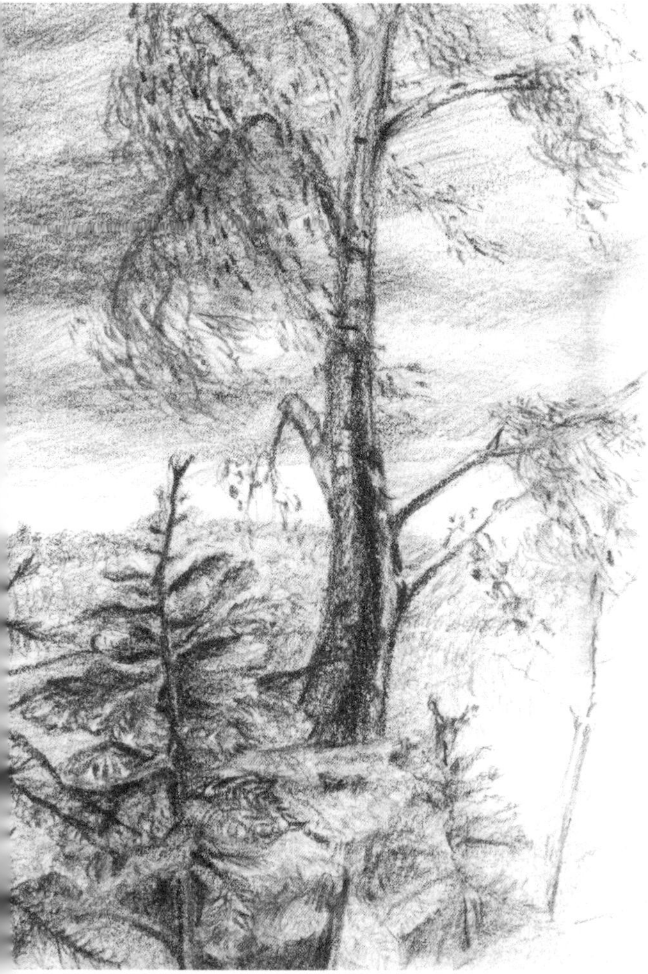

KLEINE FRÄNKISCHE BIBLIOTHEK
Erzählungen aus Franken

Eugen Roth
ABENTEUER IN BANZ
48 S., € 10,40

♣

Italo Svevo
DIE ZUKUNFT DER ERINNERUNGEN
57 S., € 10,40

♣

Bram Stoker
DIE EISERNE JUNGFRAU
64 S., € 10,40

♣

Hans Christian Andersen
UNTER DER WEIDE
64 S., € 10,40

♣

Oskar Panizza
FRÄNKISCHE ERZÄHLUNGEN
172 S., € 12,40

♣

Jakob Wassermann
DIE GEFANGENEN AUF DER PLASSENBURG
95 S., € 12,40

♣

Paul Heyse
DAS GLÜCK VON ROTHENBURG
122 S., € 12,40

♣

Adam Scharrer
AUS DER ART GESCHLAGEN
118 S., € 12,40